TRÊS NÍVEIS DE RELACIONAMENTO COM CRISTO PARA REALIZAR A OBRA MISSIONÁRIA

SAMUEL CARVALHO FERREIRA

Capa: Massimo Grillo
Revisão: Ronnaldo Andrade
Edição, Diagramação e produção: Samuel Carvalho ferreira.

Eben Ezer
EDITRICE

Editora Ebenezer
Email: editriceebenezer@gmail.com

Samuel Carvalho Ferreira

INDICE

Prefácio

Para mim é uma imensa honra poder prefaciar o livro de um dos meus seis filhos, pastor Samuel Ferreira. Tendo plena certeza de que foi direcionado pelo Espírito Santo de Deus para escrever sobre este assunto tão valioso, que é missões, o qual o mesmo está diretamente envolvido no campo missionário na Itália, como também em vários países no continente europeu.

Durante o período que estive no campo missionário na cidade de Mantova, Itália, o pastor Samuel esteve cooperando comigo no desenvolvimento e crescimento daquele trabalho. Pude acompanhar também o seu crescimento ministerial enquanto esteve pastoreando e dirigindo um trabalho no norte da Itália. Em Piraí, Rio de Janeiro, onde estive presidindo o campo da igreja Assembleia de Deus ministério de Madureira por cinco anos, tive a alegria de tê-lo ao meu lado, ajudando-me por um período de tempo, enquanto esteve no Brasil, assumiu o departamento geral de missões, trazendo um crescimento significativo às 20 congregações existentes e alargando a visão da igreja local em relação a missões.

Posso dizer que fazer missões não é uma tarefa muito difícil, mas ao mesmo tempo não é tão fácil. É necessário se entregar e permanecer à disposição de Deus para que Ele possa nos usar, como fez o profeta Isaías. Enfim, fazer missões é obedecer ao IDE de Jesus para conquistar almas para o seu reino.

Entendo também que para fazer missões é necessário pagar um preço por amor às almas e a Cristo, assim como o autor deste livro está fazendo no campo missionário.

Meu filho, Samuel, vai nesta tua força, pois Deus ainda vai te usar muito mais por onde fordes. Deus te abençoe!

Pastor Ademar Alves Ferreira.

(Vice-presidente do campo da Assembleia de Deus

ministério de Madureira, em Petrolina- PE

Missionário na Europa por 17 anos).

Apresentação

Três níveis de relacionamento com Cristo para realizar a obra missionária é um livro que transmite uma mensagem clara, simples e objetiva. Uma mensagem à luz da Bíblia que proporciona um crescimento espiritual e incentiva a todos que desejam fazer missões. É um assunto que tocou profundamente minha vida espiritual e ministerial, trazendo grandes resultados através da prática deste tema.

O livro é um significativo trabalho, fruto de uma das mensagens proferidas em púlpito, porém estilizada à forma literária. Desejo que ao lê-lo sinta-se como se estivesse na igreja em que esta mensagem foi transmitida. Assim, também, que sua vida espiritual seja grandemente enriquecida.

Boa Leitura!

Introdução

Desde minha adolescência tenho refletido sobre muitíssimas coisas que envolve a obra missionária. Na época ainda tinha pouco conhecimento sobre o assunto, porém cada vez mais me envolvia com festividades relacionadas à obra missionária, departamentos de missões, igrejas missionárias, literaturas, filmes e documentários de missões para conhecer histórias de personagens envolvidos na tarefa de levar o evangelho de Cristo por todo o mundo.

"Mas recebereis a virtude do Espírito Santo, que há de vir sobre vós; e ser-me-eis testemunhas tanto em Jerusalém como em toda a Judeia e Samaria e até aos confins da terra" (Atos 1:8).

Independente da localização geográfica, linguística, cultural ou social, a ordem de Cristo aos seus discípulos foi de testemunhar às pessoas de todos os lugares, em todo tempo e qualquer circunstância. Nesta finalidade, os discípulos compreenderam e creram que Deus amou o mundo de tal maneira ao ponto de enviar Seu Filho unigênito para morrer em uma cruz, garantir a certeza de salvação eterna e restaurar o relacionamento do ser humano com Ele. Visto que, antes eles pensavam que a salvação estaria restrita somente ao povo judeu.

Estou a 18 anos morando na Itália. Devido à localização geográfica do continente europeu estar no centro do mundo, onde o oriente e o ocidente se encontram para negócios, graças à globalização cultural e a crescente imigração em toda a Europa, onde através disso vejo como uma enorme porta aberta à evangelização mundial. O tempo que estou morando neste antigo país europeu, Deus me deu a oportunidade de pregar o Evangelho em diversos países com línguas e culturas diferentes.

Através destas ministrações, como deste livro, tenho a oportunidade de transmitir este sentimento missionário aos irmãos em Cristo, a fim de continuarmos a obra da extensão do reino de Deus e formar discípulos em todas as nações.

*"**Portanto, ide,** ensinai todas as nações, batizando-as em nome do Pai, e do Filho, e do Espírito Santo; ensinando-as a guardar todas as coisas que eu vos tenho mandado; e eis que eu estou convosco todos os dias, até à consumação dos séculos. Amém" (Mateus 28:19-20).*

Escrever sobre estes níveis não significa ter prepotência, ou que eu esteja em um nível superior e consegui entender tudo sobre o assunto. Assim, também, não tenho o propósito de diminuir ninguém que não esteja envolvido na causa missionária; o objetivo é levar uma conscientização bíblica, porque quanto mais um cristão vive próximo de Cristo, mais ele entende o significado da maravilhosa chamada, que é **ser testemunha do Evangelho de Cristo.**

Triste realidade

Durante muito tempo vi pessoas serem transformadas por Cristo, pessoas outrora sem esperança, abandonadas pela sociedade, caídas em seus delitos e pecados, mas graças a Deus foram alcançadas pelo evangelho libertador, transformador e purificador de Jesus.

Percebi também um bom número dessas pessoas dar significativo passo de relacionamento espiritual com Cristo; motivadas em levar o evangelho aos necessitados. Mas a triste realidade é que diante deste número, apenas uma pequena porcentagem se dedica em fazer o reino de Deus crescer. Semelhante ao episódio da cura dos dez leprosos, em que foram sarados por Jesus e somente 'um' voltou para agradecer pelo milagre.

"E levantaram a voz, dizendo: Jesus, Mestre, tem misericórdia de nós! E ele, vendo-os, disse-lhes: Ide e mostrai-vos aos sacerdotes. E aconteceu que, indo eles, ficaram limpos. E um deles, vendo que estava são, voltou glorificando a Deus em alta voz.

E, respondendo Jesus, disse: Não foram dez os limpos? E onde estão os nove? Não houve quem voltasse para dar glória a Deus, senão este estrangeiro? E disse-lhe: Levanta-te e vai; a tua fé te salvou" *(Lucas 17:13-19).*

Mesmo este episódio tendo acontecido há quase dois mil anos, a atitude de muitos crentes, na atualidade, tem sido a mesma daqueles nove leprosos: desprezo por aquilo que Cristo fez por nossa Salvação!

Uma minoria tem voltado para passar tempo em comunhão com Jesus, agradecê-lo e testemunhar ao mundo a transformação recebida. Esta última atitude sendo o resultado do reconhecimento e gratidão pelo milagre da salvação.

Lamentavelmente, existe uma pequena porcentagem dos que se envolve com missões e poucos se ocupam com a tarefa de levar a mensagem de Cristo aos perdidos, no intuito de que eles também recebam a graça salvadora e transformadora.

"Para isto o Filho de Deus se manifestou: para desfazer as obras do diabo" (1 João3:8b).

Fazendo a minha parte

Ao refletir sobre esta realidade evangelística, senti-me iluminado em desenvolver este sermão, *Os três níveis de relacionamentos com Cristo para realizar a obra missionária*, com propósito de incentivar a todos ao trabalho missionário e crescer na maravilhosa chamada divina.

"Um ao outro ajudou e ao seu companheiro disse: Esforça-te"! (Isaias 41:6).

Sinto-me privilegiado, pois como embaixador de Cristo tive a oportunidade de falar sobre este assunto em diversos workshops de missões na Itália, França, Suíça, Espanha, Inglaterra, Irlanda, Romênia, também no Brasil e numa conferência evangélica na Galileia, norte de Israel.

Pela bondade de Deus, pessoas foram incentivadas e despertadas pelo Espírito Santo enquanto ministrava este sermão, tenho certeza que o caro leitor será também encorajado e tocado por Deus a dar um passo a mais em direção a um relacionamento mais profundo com Ele, porque foi Ele quem nos chamou para sermos embaixadores do Seu Reino.

Enfim, enquanto procuro me aproximar de Deus e desenvolver meu próprio nível de relacionamento, desejo incentivar os demais para juntos prosseguirmos na jornada com Cristo. Pois Ele nos chamou quando nós éramos ainda pecadores.

"Mas Deus prova o seu amor para conosco em que Cristo morreu por nós, sendo nós ainda pecadores". (Romanos 5:8).

Decida hoje mesmo dar um passo a mais no seu relacionamento com Jesus, conforme fez aquele leproso após ser curado. O Senhor quer abençoar nossas vidas enquanto voltamos para glorificá-lo e agradecê-lo. O propósito de Deus é fazer com que cada um de nós sejamos um representante do seu Reino nesta terra.

"E disse-lhe Jesus: **Levanta-te e VAI**; a tua fé te salvou" (Lucas 17:19).

Capítulo 1
Missões: Definições

Inúmeras são as definições sobre este tema tão amplo, mas ao mesmo tempo muito simples: MISSÕES. Muitas pessoas deram suas opiniões sobre esta definição, algumas delas com opiniões teológicas e técnicas, outras com esclarecimentos mais simples e práticos, vindos diretamente do campo missionário em que atuam.

O objetivo aqui não é estabelecer quais opiniões estão certas ou erradas, mas conhecê-las para aplica-las em nossas vidas cristã, almejando que elas sirvam como um trampolim que nos impulsionarão a desenvolver o nosso chamado.

Enquanto ministrava em um workshop de missões em Dublin, capital da Irlanda do Sul, aproveitei a ocasião para conversar com o pastor líder daquele campo eclesiástico, pastor Lincoln Pillar, a fim de conhecer mais sobre a missão que sua igreja desenvolve há mais de 16 anos naquele país. Perguntei-o qual era sua definição sobre missões, ele me respondeu:

"Missões é o resultado de todo o sacrifício de Cristo no calvário, pois Ele deu o primeiro passo dentro da visão missionária. Este passo foi se entregar por todos nós. Portanto, temos a responsabilidade de fazer com que esta visão alcance a todos. Acredito que missão se define em almas".

Quando abordamos o tema fora do contexto teológico, entendemos que uma missão é algo que um indivíduo ou um grupo recebe de alguém que está em um nível superior, e que o delega para executar determinada tarefa.

Um empresário, por exemplo, delega ao funcionário uma tarefa em sua empresa, o embaixador é o responsável de representar o país dentro de outro Estado estrangeiro. Outro exemplo, um soldado quando vai para uma guerra, ele é designado combater com pessoas que nunca viu e nem conhece, mas tem a missão de defender o seu país e praticar as ordens do seu superior.

Alguns sinônimos desta palavra **'missão'** permitem entendermos o papel que Cristo nos outorgou como soldados, embaixadores e trabalhadores do seu Reino. Podemos definir missão como: *Propósito, encargo, incumbência, tarefa, atividade, serviço, compromisso, ofício, dever, obrigação, responsabilidade, comissão, representação e delegação.*

Estas definições e sinônimos definem o significado da nossa chamada missionária. Devemos observar cada definição com a visão de que um superior, Cristo, está assentado em seu trono nos outorgando uma missão, não com um bastão de autoridade obrigando-nos a executá-la, mas com marcas em seu corpo, provenientes da cruz do calvário, dando-nos a honra de representá-lo. Ainda que, representantes imperfeitos e falhos, Ele confiou-nos tão grande tarefa.

*"Disse também o Senhor: Simão, Simão, eis que Satanás vos pediu para vos cirandar como trigo. Mas eu roguei por ti, para que a tua fé não desfaleça; **e tu, quando te converteres, confirma teus irmãos**" (Lucas 22:31-32).*

O termo 'Confirmar' tem o sentido de **fortalecer, tornar estável, colocar firmeza, pôr a salvo, fixar, tornar firme, fazer constante**. Conforme pude constatar em diferentes versões bíblicas, seja em português, como em italiano, espanhol e inglês.

Neste contexto, Jesus quis afirmar o seguinte: *"Simão Pedro, sei que você me negará. Entendo que você ainda precisa se converter, mesmo que eu veja defeitos em ti, te dou uma missão:* **Fortaleça teus irmãos**"!

Acrescento ainda outra definição sobre missões:

"Fazer missões é a tarefa de pessoas imperfeitas, que receberam a honra de levar outras pessoas imperfeitas à presença daquele que é Perfeito, para que Ele possa aperfeiçoá-los".

O professor Rui de Souza Josgrilberg, afirmou em um dos seus livros que;

"A missão é a principal razão da existência da igreja... Tudo o que se faz na comunidade da fé, deve ser feito em razão da missão".

Através disso, entendemos que cada um de nós tem uma tarefa outorgada pelo amado Mestre, levar pessoas aos Seus pés, para que Ele possa aperfeiçoá-las, assim, como André falou de Jesus ao seu irmão Simão Pedro.

"Era André, irmão de Simão Pedro, um dos dois que ouviram aquilo de João e o haviam seguido. Este achou primeiro a seu irmão Simão e disse-lhe: Achamos o Messias (que, traduzido, é o Cristo). **E levou-o a Jesus.** *E, olhando Jesus para ele, disse: Tu és Simão, filho de Jonas; tu serás chamado Cefas (que quer dizer Pedro)" (João 1:40-42).*

Capítulo 2

Definindo relacionamento

e estabelecendo níveis

Uma das histórias bíblicas que mais me emociona e que define bem o conceito de relacionamento é a história do patriarca Abraão. Um homem que milhares de anos depois de sua existência consegue ser respeitado pela fé de três religiões monoteístas praticadas em Jerusalém: Judeus, Muçulmanos e Cristãos.

Talvez o único elo destas três religiões seja a permissão delas serem praticadas na cidade sagrada que é Jerusalém. Pois todas as três consideram Abraão como o pai na fé.

Quando analisamos a vida de Abraão, percebemos o quanto foi provado em sua fé. Mas admiramos a maneira dele reagir diante das circunstâncias e o status que alcançou, tanto no oriente e no ocidente do mundo atual.

Abraão cumpriu uma missão dada por Deus, e toda pessoa de sucesso tem os seus segredos, seus métodos e fórmulas, e todas elas possuem chaves que abriram portas para que possam chegar ao êxito. Tiago revela na sua epístola um grande segredo do sucesso de Abraão.

*"E creu Abraão em Deus, e foi-lhe isso imputado como justiça, e foi chamado o **amigo de Deus**" (Tiago 2:23).*

Não temos dúvida que o segredo do sucesso de Abraão estava no seu relacionamento com Deus, na sua amizade e devoção. O próprio Deus ordenou que ele peregrinasse rumo à terra prometida, a terra de Canaã.

Enquanto Abraão caminhava em direção à promessa, de cidade em cidade, subindo e descendo montanhas, atravessando desertos e vales, montando e desmontando sua tenda, em cada lugar que chegava levantava um altar de adoração a Deus. Os altares erigidos por Abraão significavam um relacionamento de comunhão com Deus, isto se estreitava continuamente, ao ponto de o próprio Deus testemunhar do seu amigo.

"E disse o Senhor: Ocultarei eu a Abraão o que faço, visto que Abraão certamente virá a ser uma grande e poderosa nação, e nele serão benditas todas as nações da terra? **Porque eu o tenho conhecido**, *que ele há de ordenar a seus filhos e a sua casa depois dele, para que guardem o caminho do Senhor, para agirem com justiça e juízo;* **para que o Senhor faça vir sobre Abraão o que acerca dele tem falado"** *(Genesis 18:17-19).*

Notamos também no episódio emocionante do capítulo 22 de Gênesis, quando Deus provou a amizade e fidelidade de Abraão, pedindo-o que levasse seu único filho, aquele a quem amava, Isaque, ao monte Moriá, para ser sacrificado.

"E aconteceu, depois destas coisas, que tentou Deus a Abraão e disse-lhe: Abraão! E ele disse: Eis-me aqui. E disse: Toma agora o teu filho, o teu único filho, Isaque, a quem amas, e vai-te à terra de Moriá; e oferece-o ali em holocausto sobre uma das montanhas, que eu te direi"
(Genesis 22:1-2).

Mesmo em tais circunstâncias Abraão manteve firme o seu relacionamento com Deus e esta atitude revolucionou tanto sua vida, como todas as gerações posteriores até os nossos dias.

*"Mas tu, ó Israel, servo meu, tu Jacó, a quem elegi, **semente de Abraão, meu amigo**, tu, a quem tomei desde os confins da terra e te chamei*

dentre os seus mais excelentes e te disse: tu és o meu servo, a ti te escolhi e não te rejeitei"
(Isaias 41:8-9).

Poderia usar outros exemplos da Bíblia para descrever os relacionamentos entre amigos. O que dizer sobre a amizade de Davi e Jonatas? Rute e Noemi? Daniel, Sadraque, Mesaque e Abede-Nego? Lázaro, o amigo que Jesus ressuscitou ou até mesmo a emocionante carta do apóstolo Paulo a Filemom que tomou as dores de seu amigo Onésimo. João, o discípulo amado, tinha a liberdade de debruçar a sua cabeça no peito do mestre Jesus. Mas seguimos com o exemplo de Abraão com Deus, afinal, ele é conhecido como o pai da nossa fé!

Estabelecendo níveis de relacionamentos.

Uma amizade duradoura e verdadeira é como a amizade de Abraão com Deus, que não foi formada do dia para a noite. A amizade é como uma árvore que precisa frutificar, mas para que ela seja frutífera, precisa ser adubada, regada e cuidada, naturalmente dará bons frutos em sua estação.

Nos altares construídos por Abraão durante a peregrinação, seria como se ele colocasse um pouco de adubo em sua 'árvore', para que mais tarde ela florescesse e frutificasse. Foi necessário investir tempo, podar galhos secos, proteger dos roedores, espantar aves que tentavam devorar os frutos, enfim, sua trajetória era como cuidar desta árvore que tipificava a comunhão com Deus.

Aquela árvore não nasceu grande, de repente, nem se tornou verde, florida ou com enormes frutos maduros, mas o resultado de passo a passo, uma convivência que gerou amadurecimento e, consequentemente, Abraão alcançou o respeito de muitas gerações que até hoje são chamadas 'filhos de Abraão'.

Nada mal para alguém que saiu de Ur dos Caldeus, de uma família idólatra, sem conhecimento do verdadeiro Criador do universo, para depois experimentar um relacionamento pessoal com o Senhor, posteriormente, os israelitas se referiam a Deus como o Deus de Abraão, de Isaque e Jacó; isto é indescritível!

De igual modo, para compreendermos a missão que Cristo nos outorgou, com a intensão de gerarmos uma multidão de filhos espirituais, como fez Abraão, precisamos **desenvolver** este relacionamento de amizade com o nosso Senhor Jesus. Porque Cristo é o centro das missões; a missão existe porque Cristo existe; a missão existe porque Cristo cumpriu sua missão na cruz do calvário, em favor da humanidade.

Não existe missão sem Jesus. Ele é o centro, o responsável, o dono das missões; é Ele quem envia os missionários às missões e cuida de cada detalhe na vida daqueles que são enviados.

"Porque dele, e por ele, e para ele são todas as coisas; glória, pois, a ele eternamente. Amém" *(Romanos 11:36).*

Para que esta amizade cresça e se desenvolva, nossa vida cristã precisa ser trabalhada, o nosso homem interior precisa ser lapidado e reeducado, e, assim, vivermos em conformidade com os princípios do Reino de Deus.

Cada vez que nos envolvemos com Ele, comunicamos com Ele, investimos tempo e dedicamos um ao outro, isto com inteira devoção e confiança, estamos adubando nossa árvore para que ela cresça abundante. Como em um casamento frutífero e duradouro vai melhorando com o tempo, conforme os cônjuges permanecem um ao lado do outro, assim também precisamos melhorar o nosso relacionamento com Cristo, para podermos alcançar um status de discípulo frutífero!

*"Não me escolhestes vós a mim, mas eu vos escolhi a vós, e vos nomeei, **para que vades e deis fruto, e o vosso fruto permaneça**, a fim de que tudo quanto em meu nome pedirdes ao Pai ele vos conceda" (João15:16).*

Alcançando o nível máximo no relacionamento.

Neste capítulo 15 do Evangelho de João, Jesus usa a metáfora da árvore para ensinar a seus discípulos os níveis de relacionamentos disponíveis, a fim de que cada discípulo desfrute de um relacionamento mais íntimo com seu Mestre.

Jesus declarou que Ele é a videira verdadeira, Deus Pai é o lavrador e dono de toda a plantação e os discípulos as varas que deviam permanecer Nele para frutificarem e terem vida abundante.

Contudo, o Mestre mostra também a triste realidade de algumas pessoas, ou metaforicamente expressando, que algumas varas que não derem frutos precisam ser arrancadas para não atrapalhar aquelas que florescem e frutificam.

Estas varas infrutíferas são tiradas da videira, lançadas fora da sua presença, secam-se e depois são lançadas no fogo; portanto, significa que sem Ele nada podemos fazer! Obviamente, longe dos Seus pés, que é a nossa raiz e fonte de alimento, jamais teremos vida espiritual produtiva. Esta vida abundante vem da meditação na sua Palavra e da contínua comunhão com Ele, isto gera transformação em nós!

Nos ensinamentos de Jesus percebemos o processo que Ele desenvolve com seus discípulos para que alcancem o nível máximo de frutificação em seu reino.

*"Toda vara em mim que não dá fruto, a tira; e limpa toda aquela que **dá fruto, para que dê mais fruto"** (João15:2).*

O propósito do processo da poda, da limpeza e da disciplina que Cristo aplica, visa nosso crescimento, o fortalecimento do nosso caráter e da nossa fé no relacionamento, para que possamos sair do estado normal de **darmos fruto** e chegarmos a **dar mais fruto**. Contudo, a visão do mestre vai mais além, Ele deseja que alcancemos o status máximo em seu reino, **darmos muito fruto**. Pois isto glorifica a Deus!

*"Nisto é glorificado meu Pai: **que deis muito fruto**; e assim sereis meus discípulos"* *(João15:8).*

Naturalmente, isto não ocorre do dia para a noite! É um processo que precisamos desejar ardentemente, almejar com toda nossa alma, ter o anseio de ser chamado amigo de Deus e ter **a honra** de ser participante das Suas missões, para que em tudo Seu nome seja exaltado.

Não existem limites para aqueles que desejam se aproximar mais de Cristo, esta fonte é inesgotável. À medida que adentramos e mergulhamos nestas águas, elas se tornam mais cristalinas e mais saudáveis. Escolha agora mesmo ir mais além!

Jesus está à procura de pés para caminhar, de mãos disponíveis para poder trabalhar. Cristo busca lábios que transmitam a sua mensagem. Ele está em busca de amigos e não apenas servos, que desejam relacionar-se e ser um representante dEle neste mundo. A boa notícia é que Ele escolheu você para este propósito!

"E busquei dentre eles um homem que estivesse tapando o muro e estivesse na brecha perante mim por esta terra, para que eu não a destruísse; mas a ninguém achei" (Ezequiel 22.30).

Capítulo 3

1º Nível – Pescadores aprendendo Vinde após mim

*"E Jesus, andando junto ao mar da Galileia, viu dois irmãos, Simão, chamado Pedro, e André, os quais lançavam as redes ao mar, porque eram pescadores. E disse-lhes: **Vinde após mim**, e eu vos farei pescadores de homens. Então, eles, deixando logo as redes, **seguiram-no**. E, adiantando-se dali, viu outros dois irmãos: Tiago, filho de Zebedeu, e João, seu irmão, num barco com Zebedeu, seu pai, consertando as redes; **e chamou-os**. Eles, deixando imediatamente o barco e seu pai, **seguiram-no**" (Mateus 4:18-22).*

Na minha primeira viagem a Israel, enquanto caminhava pelas margens do Mar da Galileia, após eu e minha esposa termos atravessado de barco aquele enorme lago de águas doces, conhecido também como lago de Genesaré ou lago de Tiberíades, que foi palco de alguns milagres de Jesus, a primeira coisa que veio à mente foi **a emocionante chamada** dos primeiros discípulos para serem cooperadores do ministério de Jesus naquele mesmo cenário. Eles tiveram a **honra** de receber este convite maravilhoso. Sem dúvida, o maior e mais precioso convite que o ser humano pode receber: *Seguir Jesus!*

Jesus havia deixado Nazaré, a cidade em que foi criado por seus pais, depois mudou para Cafarnaum, uma pequena cidade pesqueira às margens do mar da Galileia, onde os discípulos tinham a pesca como profissão; tudo indica que eles participavam de uma pequena cooperativa pesqueira naquela cidade. A cidade de Cafarnaum, onde estes simples pescadores residiam, tornou-se a base do ministério de Cristo na região da Galileia.

Jesus ao completar 30 anos de idade tinha sido batizado por João Batista no Rio Jordão, agora se apresentava publicamente ao mundo com uma mensagem inaugural transformadora, e que oferecia oportunidade de mudança de vida radical. Uma mensagem que continua a dividir a história no antes e depois de Cristo, uma mensagem de arrependimento, de perdão, de boas novas, enfim, uma mensagem poderosa de reconciliação com Deus.

"Desde então, começou Jesus a pregar e a dizer: Arrependei-vos, porque é chegado o Reino dos céus" (Mateus 4:17).

Grande oportunidade

Um novo Reino era inaugurado; um novo estilo de vida era proposto aos homens. A partir daquele momento todos teriam a oportunidade de conhecer a verdadeira felicidade e a paz que somente Cristo oferece.

Todo esforço humano de aproximar-se de Deus pelo sistema de sacrifícios da religião judaica, durou desde Moisés até Cristo, mas estava para ter a consumação completa através do sacrifício perfeito de Cristo na cruz do calvário. O Messias que os profetas disseram no Antigo Testamento, o Rei por Excelência, o Filho de Deus, conforme o profeta Isaías escreveu: "Maravilhoso, Conselheiro, Deus Forte, Pai da Eternidade e Príncipe da Paz" (Is 9.6). O Emanuel, o Deus conosco estava entre os homens, caminhava pelas ruas da Galileia e desejava relacionar-se com todos os habitantes. Que privilégio grandioso teve aquela geração em poder contemplá-lo face a face!

Jesus tinha muito trabalho para realizar, ansiava transformar vidas que lhe dessem uma oportunidade, isto em casas ou pelas ruas da Galileia e da Judeia. Enfim, Ele queria transformá-las. No entanto, nesta grandiosa tarefa não desejava realizar isto sozinho. Ele precisava de outros pés que percorressem todas aquelas aldeias, de mais bocas para pregar e ensinar a sua palavra ao maior número possível. Ele queria mais "mãos" disponíveis para curar os enfermos de todos os aspectos.

"E percorria Jesus toda a Galileia, ensinando nas suas sinagogas, e pregando o evangelho do Reino, e curando todas as enfermidades e moléstias entre o povo. E a sua fama correu por toda a Síria; e traziam-lhe todos os que padeciam acometidos de várias enfermidades e tormentos, os endemoninhados, os lunáticos e os paralíticos, e ele os curava. E seguia-o uma grande multidão da Galileia, de Decápolis, de Jerusalém, da Judeia e dalém do Jordão" (Mateus 4:23-25).

Um convite especial

O tempo que Jesus tinha à disposição era pouco, apenas três anos e meio para tanta gente necessitada e frustrada pelo sistema religioso, político e social. Então, o método que adotou foi o **discipulado**, escolher pessoas e capacitá-las para que pudesse enviá-las como seus representantes. Assim cobriria um espaço geográfico mais amplo e alcançaria um número maior de pessoas em menos tempo.

Foi com este propósito que Jesus percorria à beira do mar da Galileia quando viu Simão Pedro, André, Tiago e João pescando e os chamou para fazer parte do seu ministério, e com uma missão maravilhosa!

*"E disse-lhes: **Vinde após mim**, e EU vos farei pescadores de homens" (Mateus 4:19).*

Jesus foi claro e direto em suas palavras: desejava levá-los a um nível superior, queria revolucionar suas vidas, dar um sentido mais excelente à existência de cada um. Cristo dava àqueles homens a oportunidade de fazerem parte da história e serem lembrados, não somente como pescadores da pequena cidade de Cafarnaum, mas como os que caminharam ao seu lado e receberam a **honra** de representá-lo na autoridade de seu nome. Que privilégio!

Era a grande oportunidade de mudança de vida deles; então, deveriam decidir imediatamente. Continuariam pescadores ou dariam um upgrade em suas histórias?

*"Então, eles, deixando logo as redes, **seguiram-no"** (Mateus 4:20).*

Quais critérios Jesus usou para escolher seus cooperadores?

*"E subiu ao monte e **chamou para si os que ele quis; e vieram a ele**. E nomeou doze para que estivessem com ele e os mandasse a pregar e para que tivessem o poder de curar as enfermidades e expulsar os demônios" (Marcos 3:13-15).*

É bem verdade que Jesus não tinha apenas 12 discípulos, também havia outro grupo conhecido como "os setenta". Entretanto, focaremos nossa atenção no grupo dos doze. Percebemos que entre os doze, Jesus contava com um "grupo de governo", formado por Pedro, Tiago e João, os que eram mais próximos. Além disto, percebemos também que somente um dos três, ou seja, João, tinha a ousadia de apoiar a sua cabeça no peito do Mestre. Isto significa intimidade e desfrutar de uma verdadeira amizade!

Aparentemente os discípulos não tinham o que oferecer aos seus compatriotas, eram homens comuns que se tornaram extraordinários por causa de Cristo, e suas vidas foram revolucionadas pelo poder de Deus e não pelas suas próprias qualidades.

Simão Pedro era impulsivo, inquieto e indisciplinado; Tiago ambicioso e impaciente; João era crítico, ansioso e irritado; Filipe era questionador; Natanael não cria que poderia vir algo bom de Nazaré; Mateus era publicano e odiado pelos Judeus porque trabalhava na coletoria do império Romano; Simão era do partido religioso dos zelotes, extremamente patriota; Tomé era incrédulo e Judas Iscariotes haveria de trair Jesus por trinta moedas. Quem desejaria um grupo deste para representar o seu reino?

Mesmo com imperfeições e falhas, estes homens foram escolhidos por Jesus para receber o treinamento, a fim de continuarem a obra após a sua morte e ressurreição. Suas histórias e superações vão além dos quatro evangelhos, elas continuaram no Livro de Atos e nas Epístolas. Eles não estacionaram na qualidade de alunos, mas depois se tornaram mestres e edificaram também outros discípulos mais tarde. Somente Jesus, o Mestre dos mestres, pode gerar esta transformação fantástica naqueles que decidem segui-lo.

Na biografia destes homens se observa a diversidade de caráter, de profissão e de classe social, não se encontra nada de criterioso na escolha de Jesus para serem seus cooperadores, apenas uma coisa eles tinham em comum: a disponibilidade de seguir Jesus e o desejo de viver o extraordinário oferecido por Ele. Eles acreditaram na mudança de caminhar com o amado Mestre!

Seguir para aprender

O primeiro nível de relacionamento com Cristo é justamente esta simples palavra e seus sinônimos: **Seguir,** que significa; *estar após, caminhar por detrás, estar na retaguarda, em seguida, depois de ou posteriormente.*

O primeiro contato e as primeiras palavras de Jesus para seus novos amigos galileus foram estas: *"Vinde **APÓS** mim, e **EU** farei de vocês pescadores de homens".*

Era o desafio do aprendizado, a bolsa de estudo da "faculdade da vida"; eles tinham a oportunidade de fazer um bom curso teológico a céus abertos, quando de fato responderam 'sim' ao convite de Cristo. Então, subiram ao monte das bem-aventuranças com uma grande multidão para ouvir Jesus pregar o Sermão da Montanha, um verdadeiro código da felicidade para todos aqueles que desejam viver o extraordinário de Deus, conforme relata o Evangelista Mateus:

*"Jesus, vendo a multidão, subiu a um monte, e, assentando-se, aproximaram-se dele os seus discípulos; e, abrindo a boca, **os ensinava"** (Mateus 5:1-2).*

Os discípulos entenderam que quem não se assenta para aprender jamais estará apto a ficar de pé para ensinar. Infelizmente, nos dias atuais, muitos pulam a etapa de se assentar e aprender. Poucos realmente desejam gastar tempo no aprendizado para depois sair e ensinar.

O Livro de Atos dos Apóstolos apresenta que Saulo se converteu a Cristo. Após sua conversão, o que se percebe é que ele passou alguns dias com os discípulos em Damasco aprendendo mais sobre Jesus. Porém sua euforia e desejo de testemunhar sobre o que viu no caminho de Damasco, sendo esta uma atitude compreensível e normal de todos os que recebem o honroso convite de Cristo, o levou a correr para as sinagogas e pregar a palavra.

*"E, tendo comido, ficou confortado. E esteve Saulo **alguns dias** com os discípulos que estavam*

em Damasco. **E logo**, *nas sinagogas*, **pregava** *a Jesus, que este era o Filho de Deus" (Atos 9:19-20).*

Observe que Paulo ficou 'alguns dias' com os discípulos em Damasco. O texto não indica quantos dias foram de aula, mas a frase seguinte denota que não foram muitos, pois ele foi '**logo, imediatamente, em seguida**', para a sinagoga pregar a palavra. Isso parece normal, mas observe o versículo 22, do mesmo capítulo:

"Saulo, porém, se esforçava muito mais e confundia os judeus que habitavam em Damasco, **provando** *que aquele era o Cristo" (Atos 9:22).*

Dois versículos depois, Paulo não está mais 'pregando Jesus' como no versículo vinte, mas, sim, 'provando' para os Judeus que Jesus é o Cristo.

Há enorme diferença entre pregar e provar. **Pregar** é anunciar, declarar-se publicamente ou proclamar um discurso como um arauto, mesmo sem ter tanto conhecimento daquilo que é transmitido. **Provar** é demonstrar, unir na própria mente, levar uma pessoa a unir-se numa conclusão e vir a ter a mesma opinião.

O mesmo Paulo mais tarde escreveu em sua primeira carta aos Coríntios o caráter da sua pregação:

*"E eu, irmãos, quando fui ter convosco, anunciando-vos o testemunho de Deus, não fui com sublimidade de palavras ou de sabedoria. Porque nada me propus saber entre vós, senão a Jesus Cristo e este crucificado. E eu estive convosco em fraqueza, e em temor, e em grande tremor. A minha palavra e a minha pregação não consistiram em palavras persuasivas de sabedoria humana, (PREGAR) mas em **demonstração** (PROVA) do Espírito e de poder, para que a vossa fé não se apoi-*

asse em sabedoria dos homens, mas no poder de Deus" (1 Coríntios 2:1-5).

Como Paulo conseguiu sair do nível 'pregar' e entrar no nível 'provar'?

Uma análise mais apurada sobre a vida dele mostra que há um espaço de três anos entre os versículos 20, quando *pregava*, e o versículo 22, quando *demonstrava*. O que se percebe é que Paulo seguiu para a Arábia, região do deserto, a fim de permanecer separado, aprender mais e num pleno esforço provar aos Judeus que Jesus é o Cristo.

Ele investiu tempo no crescimento e aprendizado, assim como os discípulos passaram três anos e meio aprendendo com Jesus. Paulo também se assentou para aprender e conhecer melhor a Verdade que lhe apareceu no caminho de Damasco. Mais tarde saiu pelo mundo transmitindo a mensagem de Cristo que gera vida em abundância.

*"Porque com grande veemência **convencia** publicamente os judeus, **mostrando pelas Escrituras** que Jesus era o Cristo"* (Atos 18:28).

Fazer missões é apresentar o **caminho**; é ensinar a **verdade** para que as pessoas tenham **vida** e vida em abundância.

Os discípulos subiram o Monte das Bem-Aventuranças para aprender; Paulo esteve no deserto da Arábia para ter mais comunhão com Cristo; Moisés habitou por 40 anos na região do deserto de Midiã cuidando do rebanho do seu sogro, antes de ser o libertador o povo do Egito; Eliseu não se afastou de Elias antes de ser seu sucessor no ministério profético em Israel; Davi pastoreou o rebanho de seu pai antes de ser rei em Israel. Estes personagens bíblicos passaram um período de lapidação e aprendizado antes de serem instrumentos nas mãos de Deus!

Quanto tempo você investe no aprendizado para ser aprovado por Cristo?

"Se estiver embotado o ferro, e não se afiar o corte, então, se deve pôr mais forças; mas a sabedoria é excelente para dirigir"
(Eclesiaste 10:10).

Este é o primeiro nível de relacionamento com Cristo, a fase do aprendizado, da preparação. Isto significa estar após, por detrás, seguindo-o como discípulo para ser apto, a fim de ir e realizar a vontade do Senhor.

Quanto mais preparado um crente estiver, maior será o seu raio de ação no Reino de Deus. Enfim, primeiro Cristo trabalha em nós, para depois trabalhar através de nós!

Lembre-se que estamos ainda no primeiro nível de nosso relacionamento com Cristo, e Ele deseja nos levar além!

"Eu farei de vocês pescadores de homens".

54

Capítulo 4

2º Nível – Discípulos descansando
Vinde a mim

"Vinde a mim, todos os que estais cansados e oprimidos, e eu vos aliviarei. Tomai sobre vós o meu jugo, e aprendei de mim, que sou manso e humilde de coração, e encontrareis descanso para a vossa alma. Porque o meu jugo é suave, e o meu fardo é leve" *(Mateus 11:28-30).*

Os discípulos estavam eufóricos com a honra de estar ao lado do Mestre Jesus. Algumas horas assentados no monte ouvindo o sermão da bem-aventurança, registrado em Mateus, capítulos 5,6 e 7. Naquela escola ao ar livre, aprendiam lições de Jesus que afirmava que eles eram o sal da terra e a luz do mundo. Jesus também ensinou sobre a lei, a ira, a luxúria, o divórcio, o juramento, a vigilância, amar os inimigos e ajudar o necessitado. No alto do monte Jesus ensinou a oração do 'Pai Nosso'. Os discípulos deviam aprender a orar, jejuar e como se comportar com o dinheiro, riquezas e ansiedades. Enfim, Jesus apresentou um grandioso compêndio da teologia cristã.

Quantos ensinamentos foram transmitidos naquele dia. Os discípulos e a multidão precisariam investir muitos dias lendo livros, quem sabe até vários anos em faculdades ou cursos teológicos para aprender todos aqueles assuntos. Jesus de uma só vez ensinou muitas coisas. Ele usou métodos práticos de pedagogia para levá-los a um nível jamais conhecido pelo método humano. O método de Jesus era espiritual, pois tinha a finalidade de introduzir o Seu Reino e apresentar as leis que regem seu governo eterno.

Jesus contava com uma assistente especial na sua sala de aula ao ar livre. Ela contribuía também para que todos recebessem seus ensinamentos com facilidade. A natureza era sua auxiliadora.

Ele usava exemplos práticos da vida quotidiana e ordenava às pessoas levantarem os olhos aos céus e observarem às aves, às plantas, às flores, os animais, os peixes e crianças que brincavam por ali; estes exemplos elucidavam seus ensinos. Muitas coisas ao redor eram oportunidades de fazer aquelas pessoas se encantarem com a vida e imaginarem quão maravilhoso é viver dentro do seu 'jardim', um reino não somente imaginário ou futurístico, mas algo tangível e presente, que caso desejassem, poderiam tocar e viver naquele instante.

Isto é fazer missões. É levar as pessoas a se encantarem com a vida, tocarem e viverem o Reino de Deus, através de muitas coisas belas do quotidiano. Não somente isto, também demonstrar que esta vida de felicidade não termina quando a morte chega, mas continua na eternidade com Cristo.

A aula no monte não terminou, o Mestre apenas fez uma pequena pausa para que seus alunos respirassem um pouco e refletissem suas palavras. Quando retomou, continuou a ensinar o dever de não julgarem os outros, para que não fossem julgados, também ensinou a pedir com insistência até receber, mostrou-lhes o objetivo da porta estreita, enfatizou que apertado é o caminho que conduz à vida, advertiu sobre os falsos profetas e concluiu aqueles ensinos extraordinários aconselhando a todos a construírem suas casas espirituais na rocha firme e sólida. Os alunos deveriam colocar aquelas palavras em prática, a fim de não serem reprovados por Deus e pelo mundo.

*"E aconteceu que, concluindo Jesus este discurso, a multidão se admirou da sua doutrina, porquanto **os ensinava** com autoridade e não como os escribas" (Mateus 7:28-29).*

Aquele nível de relacionamento dos discípulos com Jesus era desenvolvido cada dia mais, o aprendizado e a prática do primeiro amor aumentava ainda mais, e eles sentiam-se **honrados** em aprender com o Mestre e prontamente segui-lo.

Colocando em prática

Jesus desce do monte e os leva para aula prática. Os discípulos deviam percorrer as ruas e aldeias da cidade e observar como Jesus tratava as pessoas, como curava os doentes, como libertava os oprimidos e ensinava sua verdade aos que tivessem contato pelo caminho. Afinal, depois eles colocariam em funcionamento tudo o que haviam observado e aprendido.

O grande dia da prova chegou. Eles iriam sozinhos, sem a presença do Mestre. Mateus diz no capítulo 10 que Jesus chamou seus doze discípulos e os delegou com poder e autoridade para saírem e colocarem em prática o que tinham visto e ouvido.

"E, chamando os seus doze discípulos, deu-lhes poder sobre os espíritos imundos, para os expulsarem e para curarem toda enfermidade e todo mal. Jesus enviou estes doze e lhes ordenou, dizendo: Não ireis pelo caminho das gentes, nem entrareis em cidade de samaritanos; mas ide, antes, às ovelhas perdidas da casa de Israel; e, indo, pregai, dizendo: É chegado o Reino dos céus. Curai os enfermos, limpai os leprosos, ressuscitai os mortos, expulsai os demônios; de graça recebestes, de graça dai" (Mateus 10:1,5-8).

Imagine a euforia, a alegria e a **honra** daqueles homens simples que foram representar Jesus pelas aldeias da Galileia, antes os habitantes os conheciam como homens comuns, mas agora eram homens extraordinários pelo nome de Jesus!

Quem sabe João olhou para seu irmão Tiago e disse: *"Será que é um sonho? Dias atrás consertávamos redes de pesca e éramos pescadores, mas agora recebemos a incumbência de sairmos pelo mundo e representarmos o Filho de Deus, que nos enviou para pregarmos em seu nome!"*

Quem sabe se Simão Pedro, o mais impulsivo correu à frente de todos e gritou: *"Eu vou ser o primeiro a curar um doente, afinal de contas, sou o mais espiritual de todos."*

Talvez naquele instante Tomé olhou um pouco incrédulo para a situação e pensou: *"Não sei se isto vai dar certo, mas vamos tentar para ver o que acontece."*

Jesus olhou toda aquela empolgação dos discípulos e aproveitou para adverti-los

"Eis que vos envio como ovelhas ao meio de lobos; portanto, sede prudentes como as serpentes e símplices como as pombas" (Mateus 10:16).

O Mestre aproveitou também a ocasião de euforia para encorajá-los e mostrá-los que existe uma recompensa para aqueles que entram no desafio de representá-lo no seu reino e realizar a obra missionária.

"Quem vos recebe a mim me recebe; e quem me recebe a mim, recebe aquele que me enviou. Quem recebe um profeta na qualidade de profeta receberá galardão de profeta; e quem recebe um justo na qualidade de justo, receberá galardão de justo. E qualquer que tiver dado só que seja um copo de água fria a um destes pequenos, em nome de discípulo, em verdade vos digo que de modo algum perderá o seu galardão" (Mateus 10:40-42).

Os discípulos partiram rumo àquela missão outorgada por Jesus – Pregar aos moradores que o Reino dos céus estava próximo, bem como curar enfermos, ressuscitar os mortos, purificar leprosos e expulsar demônios.

Eles tinham confiança que tudo daria certo na nova missão. Eles receberam poder e autoridade de Cristo para realizar milagres e libertações. Realmente, muitos milagres aconteciam por onde eles passavam.

Retornando da missão

O Evangelho de Marcos relata o momento que eles retornaram e deram o relatório ao Mestre. Eles presenciaram muitos milagres semelhantes ao que viram Jesus realizar.

*"**E os apóstolos** ajuntaram-se a Jesus e contaram-lhe tudo, tanto o que tinham feito como o que tinham ensinado" (Marcos 6:30).*

Observe o detalhe que o Evangelista Marcos deixa registrado neste versículo, quando os doze saíram para a nova missão como **discípulos** (alunos ou aprendizes) e depois retornaram como **apóstolos** (um delegado, mensageiro, enviado com ordens). A palavra apóstolo no grego é '*Apostellein*', que significa, 'aquele que é enviado', sendo a mesma palavra que usamos hoje para *missionário*.

Aprendemos com isto que se nos comprometemos sair em **Nome de Jesus**, os primeiros a serem transformados e subirem de nível, seremos nós mesmos. Visto que nascemos de novo e nos tornamos novas criaturas pelo poder de Cristo.

Quando chegaram diante do Mestre, relataram tudo quanto haviam realizado. Quem sabe Pedro ainda na imaturidade disse a Jesus que foi ele quem mais trabalhou na missão. Quem sabe Tomé pensou: "Desta vez deu tudo certo, vamos ver em outras vezes!" Quem sabe Judas Iscariotes murmurava por não ter obtido nenhum lucro financeiro com todo esforço empreendido.

Mas o Senhor que nos conhece por dentro e por fora, que nos conhece bem antes que fôssemos formados nos ventres de nossas mães, como mostra o Salmo 139, e tem o poder de ouvir as palavras dos nossos corações sem que elas passem pela nossa boca. Jesus olhou para seus discípulos e percebeu que estavam cansados da missão e precisavam de descanso e refrigério. Então, fez um novo convite para eles.

Um convite amigável

*"E ele disse-lhes: **Vinde vós**, aqui à parte, a um lugar deserto, e repousai um pouco. Porque havia muitos que iam, e vinham, e não tinham tempo para comer. E foram sós num barco para um lugar deserto" (Marcos 6:31-32).*

O novo nível de relacionamento que Jesus propôs aos seus alunos que tinham feito 'o dever de casa', era o nível do descanso, do refrigério e do renovo. Ele convidava-os para um novo patamar de relacionamento, o nível de amizade, da confiança e não apenas de servos. Jesus chamava-os a sair do meio da multidão e deixar um pouco as tarefas, a fim de estarem a sós em um lugar secreto.

Note que Jesus convidou os discípulos em Mateus 4:19, para segui-lo, dizendo: *"Vinde após mim, e eu vos farei pescadores de homens."* Agora Jesus muda o nível do relacionamento. Os discípulos não deveriam estar somente "após o Mestre, por detrás, seguindo-o de longe", mas o novo convite é para estarem ao seu lado, no mesmo barco, assentados à mesma mesa, dialogando como 'companheiros' (cum panis = aquele com quem dividimos o pão) e participando do mesmo banquete.

Este mesmo convite que Marcos relata, nós encontramos em outras palavras registradas em Mateus, capítulo 11:

*"**Vinde a mim**, todos os que estais cansados e oprimidos, e eu vos aliviarei. Tomai sobre vós o meu jugo, e aprendei de mim, que sou manso e humilde de coração, e encontrareis descanso para a vossa alma. Porque o meu jugo é suave, e o meu fardo é leve" (Mateus 11:28-30).*

Aliviando a carga

Jesus pretendia trazer os discípulos que estavam de longe seguindo os seus passos para estarem ao seu lado, como amigo que abraça e diz: Conte comigo, meu companheiro, nós venceremos juntos, jamais iremos te abandonar!

O simples fato de cansarmos ao longo da caminhada não é motivo de imaginar que Jesus nos deixou ou abandonou, mas, sim, uma oportunidade de aprender novas experiências com Ele. Temos que aprender a descansar nEle, e com Ele dentro do barco com outros pescadores de homens.

Jamais deixaremos de sermos alunos e servos, porém se somos alunos e servos cremos também que somos mais que isso, somos amigos do Mestre, que é o dono da embarcação.

*"Já vos não chamarei servos, porque o servo não sabe o que faz o seu senhor, mas tenho-vos chamado **amigos**, porque tudo quanto ouvi de meu Pai vos tenho feito conhecer" (João15:15).*

Uma história conhecida e simples ilustra bem o convite de Jesus para os seus discípulos:

"Certo peregrino percorria uma estrada em direção a uma festa, quando de repente pegou um caminho errado e se perdeu em meio ao deserto quente e árido.

Até o momento em que tinha uma reserva de água, o peregrino estava tranquilo, mas foi no momento em que bebeu as últimas gotinhas da sua água que o desespero bateu e o peregrino ficou sem saber também o destino que deveria seguir.

Quando não sabia mais o que fazer e pensava que morreria naquele deserto, ele levantou a cabeça e avistou uma casa com um homem sentado na varanda saboreando um refresco. Timidamente foi se aproximando e explicando que estava perdido.

Para sua surpresa, o homem muito simpático o convidou para se assentar com ele à mesa da varanda da casa e saborear aquele refresco, enquanto descansava da jornada pelo deserto.

Depois de um bate-papo o peregrino se levantou ainda meio cansado, queria prosseguir a viagem quando o homem o impediu de partir, e disse:

– Você gastou muita energia nesta sua viagem, vejo que está sem condições de prosseguir. Eu tenho um quarto para hóspedes, com cama e travesseiro. Insisto para que fique!

Tome um banho, jante conosco, durma e quando retomar toda sua força, então poderá partir.

Assim fez aquele peregrino, no dia seguinte partiu revigorado para alcançar seu destino e ainda ganhou um amigo naquele deserto."

Fazer missões sem aprender a arte do descanso, do refrigério, de estar a sós com o amigo, do bate-papo que fortalece e do abrigo com o Mestre, é a mesma coisa que sair pelo deserto tonto e desnorteado, sem saber que direção tomar. É como um suicídio espiritual.

Somos peregrinos nesta terra, portanto, é preciso termos consciência disso, porque antes ou depois corremos o risco de estarmos perdidos no deserto da vida, precisando de um amigo que nos convide para assentarmos à mesa, tomarmos um refresco e descansarmos.

Muitos se sentem perdidos, sem força, sem ânimo, sem coragem e vagueiam no deserto, mas se levantarmos os olhos como fez o peregrino, vamos perceber que existe um abrigo seguro onde podemos descansar da jornada; o bom amigo estará de braços abertos nos convidando, por isso Jesus disse: "*Vinde a mim*"!

"Deus é o nosso refúgio e fortaleza, socorro bem-presente na angústia" (Salmos 46:1).

Fazer missões é tentar ganhar o máximo de almas possíveis para Cristo, mas não podemos nos perder pelo caminho enquanto realizamos esta maravilhosa tarefa. Certamente, não me refiro de por um ponto final na caminhada e na chamada, mas uma vírgula enquanto respiramos para prosseguirmos fortes e revigorados.

Jesus ensinou isto aos seus discípulos quando retornaram da grande comissão. "Entrem no barco e vamos a sós para um lugar deserto para que retomem as forças, pois temos muito trabalho a realizar!"

O Mestre continua nos convidando. Você pode ouvir a sua voz?

"Vinde a mim, todos os que estais cansados e oprimidos, e eu vos aliviarei. Tomai sobre vós o meu jugo, e aprendei de mim, que sou manso e humilde de coração, e encontrareis descanso para a vossa alma. Porque o meu jugo é suave, e o meu fardo é leve" (Mateus 11:28-30).

Capítulo 5

3º Nível – Apóstolos avançando
Ide por mim

*"**Portanto, ide,** ensinai todas as nações, batizando-as em nome do Pai, e do Filho, e do Espírito Santo; ensinando-as a guardar todas as coisas que eu vos tenho mandado; e eis que eu estou convosco todos os dias, até à consumação dos séculos. Amém" (Mateus 28:19-20).*

Cansados percorremos uma milha, mas descansados e com energias renovadas somos capazes de alcançar muitas milhas.

Jesus sabia que os discípulos eram tentados em parar a missão por causa do cansaço, até porque quando tomamos decisões com a mente e corpo exaustos, geralmente são decisões precipitadas e sabemos que decisões definem destinos.

Você recorda o que Pedro fez quando estava frustrado após negar Jesus três vezes?

*"Disse-lhes Simão Pedro: **Vou pescar.** Disseram-lhe eles: Também nós vamos contigo. Foram, e subiram logo para o barco, e naquela noite nada apanharam" (João21:3).*

Quando Pedro e os demais discípulos disseram '**vamos pescar**', foi como se jogassem a toalha num ringue após tomarem a iniciativa de abandonar a chamada de serem pescadores de homens para serem novamente pescadores de peixes.

Observe que foi Pedro quem negou a Cristo, e não muito convicto da chamada, devido a todos os acontecimentos com o Mestre, procurou liderar o grupo de desanimados para voltar à pesca.

Quando um líder se cansa, desanima ou perde o brilho da missão, é natural que arrasta um grupo de desanimados consigo.

Se Jesus não chegasse àquela situação com um banquete de renovo e dado um abraço em seus amigos, aqueles discípulos não conseguiriam chegar ao nível sucessivo proposto por Ele.

O que se percebeu do desânimo de Pedro foi por ele ter negado o Mestre. Pedro tinha sido um discípulo bem próximo em muitas atividades do ministério de Jesus. Numa ocasião jurou fidelidade ao Senhor dizendo jamais negá-lo. No entanto, apenas seu temperamento demonstrou ser bem crédulo diante de todos, porém negou Jesus por três vezes.

*"Mas Pedro, respondendo, disse-lhe: **Ainda que todos se escandalizem em ti, eu nunca me escandalizarei**. Disse-lhe Jesus: Em verdade te digo que, nesta mesma noite, antes que o galo cante,*

*três vezes me negarás. Disse-lhe Pedro: **Ainda que me seja necessário morrer contigo, não te negarei.** E todos os discípulos disseram o mesmo"* (Mateus 26:33-35).

Quantas vezes agimos assim como Pedro e demais discípulos, juramos fidelidade à causa de Cristo, mas quando os problemas batem à porta, a doença assola nosso corpo, os projetos são frustrados, ou quando faltam recursos financeiros e não avançamos, então, olhamos para trás e dizemos: *"Talvez seja melhor voltarmos a pescar, pode ser que não entendemos bem o que Jesus disse quando nos chamou para sermos pescadores de almas".* É justamente nestes momentos que nossa confiança é confrontada, assim também é o momento de lembrar-se da fé inabalável do profeta Habacuque:

*"Porquanto, **ainda que** a figueira não floresça, nem haja fruto na vide; o produto da oliveira minta, e os campos não produzam mantimento; as ovelhas da malhada sejam arrebatadas, e nos currais não haja vacas, **todavia, eu me alegrarei no Senhor, exultarei no Deus da minha salvação**. Jeová, o Senhor, é minha força, e fará os meus pés como os das cervas, e me fará andar sobre as minhas alturas"* (Habacuque 3:17-19).

Conforme dito anteriormente, antes ou depois, os problemas, o cansaço e o desânimo batem à nossa porta tentando nos parar. Isto não significa que vamos deixar de lado a fé e nos desviarmos da presença de Deus, porém isto acontece pelo fato de a vida ser feita de momentos e situações adversas.

O grande segredo está em conhecer bem aquele que nos chamou de amigos e que nos conhece muito bem, ainda que o neguemos.

Ele está sempre adiante

Observe que antes que os discípulos resolvessem voltar para pescar no mar da Galileia, Jesus adiantou de como seria aquela cena.

*"Mas, depois de eu ressuscitar, **irei adiante de vós** para a Galileia"* (Mateus 26:32).

Este texto pode ser interpretado assim: *"Eu sei que Pedro me negará quando eu for condenado à morte, sei que ele será tentado em desanimar, sentir-se-á desiludido e voltará à pesca no mar da Galileia, além disto, arrastará outros discípulos com ele. Porém, depois que eu ressuscitar, chegarei à praia bem antes que eles, a fim de preparar um banquete especial e incentivá-los a não abandonarem suas chamadas ministeriais, pois tenho outro nível de relacionamento para apresenta-los."*

Digno de nota é que no primeiro nível o 'Mestre está **adiante de nós'**, isto significa que ele está à frente das nossas limitações e falhas, pronto para ensinar algo novo.

De fato, quando Jesus chegou à praia encontrou os discípulos, certamente com um jugo de culpa e de desânimo, oprimidos e cansados por pensarem que a missão falhou, mas o Mestre os convida novamente.

*"Tomai sobre vós o **meu** jugo e aprendeis **de mim** que sou manso e humilde de coração e **encontrareis descanso para a vossa alma"***
(Mateus 11.29).

O jugo é um pesado instrumento de madeira que é colocado no lombo do boi para ele poder carregar o peso da sua carga. O que Jesus ensinava aos discípulos é que jamais dará um peso que não possamos suportar, mas caso este peso venha nos impedir de prosseguir, Ele está sempre pronto a trocar o nosso jugo com dEle, pois o seu jugo é suave e seu fardo leve.

Quando Jesus caminhava pela Via dolorosa com a cruz pesada sobre seus ombros, Ele estava com todo o nosso peso sobre si, para que hoje pudéssemos ter alívio na alma e realizar a sua obra, não como sendo um peso, mas como uma **honra**.

Uma troca valiosa

Se aprendermos a trocar o nosso peso com o de Cristo, estaremos prontos para sair do nível do cansaço e opressão para entrarmos no nível da **honra** de servi-lo, não com o peso de servo, mas com a leveza de amigos que trabalham lado a lado.

Um jugo também é um instrumento de madeira que serve para unir dois bois para trabalhar lado a lado dividindo o peso da carga. Jesus ensinava aos seus discípulos que era melhor trabalhar com seu jugo suave e leve, do que estar com o nosso jugo pesado e opressor.

Um passo ousado

Após os discípulos ficarem três anos e meio na escola de Jesus, caminhando **por detrás** dEle, acertando e errando, caindo e levantando, negando-o e sendo perdoados. Depois que aprenderam a arte do descanso e da troca de fardos, de como viverem **ao lado** como amigos e não servos, agora estavam prontos para seguirem adiante, um passo mais ousado e mais sublime, Jesus os convidou, então, a **ir por Ele** em todas as nações como apóstolos ou missionários.

*"E disse-lhes: **Ide por todo o mundo**, pregai o evangelho a toda criatura. Quem crer e for batizado será salvo; mas quem não crer será condenado. E estes sinais seguirão aos que crerem: em meu*

nome, expulsarão demônios; falarão novas línguas; pegarão nas serpentes; e, se beberem alguma coisa mortífera, não lhes fará dano algum; e imporão as mãos sobre os enfermos e os curarão" *(Marcos 16:15-18).*

Observe que Jesus ao enviá-los à primeira vez, conforme Mateus 10:5, a ordem era: **"Ide**, *antes, às ovelhas perdidas da casa de Israel"*. O raio de ação deles era apenas o território de Israel, mas agora sendo preparados e prontos, dariam um passo maior e mais excelente; de fato, Jesus os enviava a 'todo o mundo'. Não havia mais limites territoriais, tudo dependeria da fé, da coragem e ousadia de cada um.

Que privilégio! Que honra! Aqueles homens que três anos e meio antes imaginavam que terminariam a vida em um barco de pesca, outros em suas devidas profissões, agora recebiam um "passaporte diplomático" para serem enviados como embaixadores do Reino de Deus, a fim de revolucionarem a história da humanidade com a mensagem transformadora do Evangelho.

Portanto, entender a obra missionaria é simples quando olhamos para Jesus e seu modelo de expansão do Reino. O Mestre alcançou os discípulos, capacitou-os e os enviou em seu nome.

Tudo que eles deveriam fazer era repetir este mesmo processo: "**IR** a todas as nações, **encontrar** pessoas, **ensinar-lhes** a mensagem de Cristo, **batiza-las** em Nome do Pai, do Filho e do Espírito Santo e **ensiná-las** a preservar tudo o que aprenderam, assim estes fariam o mesmo processo com outros, e mais outros, conforme o conhecido "trabalho das formigas", isto é, um discipulado contínuo, para que o mundo fosse evangelizado e todos alcançassem a vida eterna oferecida por Jesus.

Qual era a garantia que tudo isto daria certo?

É a mesma que temos hoje para realizar a obra missionária. É a certeza da presença de Jesus conosco através do seu Espírito Santo, que tem o propósito de ensinar, revigorar e enviar para proclamação da grandiosa obra salvadora de Cristo.

"E eis que eu estou convosco todos os dias, até à consumação dos séculos" (Mateus 28:20b).

*"E eu rogarei ao Pai, e ele vos dará outro Consolador, **para que fique convosco para sempre**, o Espírito da verdade, que o mundo não pode receber, porque não o vê, nem o conhece; mas vós o conheceis, porque habita convosco e estará em vós. **Não vos deixarei órfãos; voltarei para vós"** (João14:16-18).*

Depois de todo processo de aprendizagem, os discípulos foram cheios do Espírito Santo no dia de Pentecostes, e saíram pelo mundo semeando a mensagem de Cristo aos necessitados.

Eles continuaram **por detrás** como alunos, também prosseguiram **ao lado** de Jesus como amigos que descansam nEle, do mesmo modo **em adiante**, como embaixadores, apóstolos ou missionários que avançam através do seu poderoso nome até os confins da terra.

O convite é para todos

Na história dos discípulos com Jesus, apenas Judas Iscariotes não aceitou passar pelo processo do descanso, ele até começou bem como aluno, mas estacionou neste nível, consequentemente não atingiu o nível maior do **IDE de Cristo**.

*"E logo, aproximando-se de Jesus, disse: Eu te saúdo **Rabi**. E beijou-o. Jesus, porém, lhe disse:*

Amigo, a que vieste? Então, aproximando-se eles, lançaram mão de Jesus e o prenderam"
(Mateus 26:49-50).

Em sua última ocasião Judas chamou Jesus de Rabi (mestre), Jesus o chamou de amigo. Judas tinha estacionado no nível do aprendizado e não alcançou o nível do descanso e da cura da alma. Ele conhecia o Jesus mestre, porém não como amigo.

Seu fardo ficou pesado e não aceitou o alívio oferecido pelo amigo Jesus, portanto, estacionou como 'servo', e seu cansaço de servo o levou ao suicídio. Literalmente, ele foi a vara que não deu fruto no ministério discipular de Cristo, por isso tornou-se um fruto seco!

Árvores que dão muito fruto.

"Nisto é glorificado meu Pai: que deis muito fruto; e assim sereis meus discípulos" (João15:8).

Os demais discípulos foram além, alcançaram o extraordinário proposto por Cristo, caminharam em novidades de vida, viram milagres magníficos. Foram aprovados na escola do Mestre e, naturalmente, enviados para falarem em seu Nome.

O IDE é o nível de excelência, a maior demonstração de gratidão a Deus pela transformação que Ele realizou em nossas vidas. Esta parte é semelhante àquela dos dez leprosos que somente um voltou para glorificar ao Senhor.

Enquanto estamos **INDO**, as pessoas observam quem nós éramos e quem somos atualmente, graças à gloriosa escola do Mestre Jesus.

O **IDE** deve fazer parte da vida de todo aquele que aceita o convite de seguir a Cristo. Quando nos envolvemos com esta grande causa, temos a certeza que somos aprovados pelo Mestre e alcançamos seu maior propósito.

Porém, como toda verdade tem um paralelo, é necessário analisarmos bem nossas vidas, porque devemos nos preocupar, caso não estejamos envolvidos com o glorioso **IDE de Cristo**.

Em qual nível de relacionamento com Cristo você se encontra? Você está envolvido com missões e com a tarefa de evangelização? Você tem se preocupado em falar do amor de Cristo aos seus vizinhos, amigos e familiares? O seu bairro, sua cidade e seu estado estão sendo evangelizados? De que forma as pessoas conhecem Jesus através de você? Todas estas perguntas precisam confrontar o nosso cristianismo e as respostas precisam ser com os frutos que geramos no Reino de Deus.

Em Antioquia, a primeira vez que chamaram os alunos de Jesus de cristãos foi porque diziam que eles eram pequenos cristos. Os discípulos falavam, se comportavam e pareciam com o Mestre. O mundo deseja ver Cristo em nós!

"Em Antioquia, foram os discípulos, pela primeira vez, chamados cristãos" (Atos 11:26).

Capítulo 6

Aprender, descansar e avançar para oferecer vida.

"Depois disso, manifestou-se Jesus outra vez aos discípulos, junto ao mar de Tiberíades; e manifestou-se assim: estavam juntos Simão Pedro, e Tomé, chamado Dídimo, e Natanael, que era de Caná da Galileia, e os filhos de Zebedeu, e outros dois dos seus discípulos. Disse-lhes Simão Pedro: Vou pescar. Disseram-lhe eles: Também nós vamos contigo. Foram, e subiram logo para o barco, e **naquela noite nada apanharam"** *(João 21:1-3).*

Neste capítulo final temos três coisas significativas que reforçam a ideia dos três níveis de relacionamento com Cristo para fazer missões. Isto é, *aprender o caminho; descansar na verdade e avançar para oferecer vida.*

O capítulo 21 do Evangelho de João, narra muito bem estes três níveis de relacionamento. Depois que os discípulos passaram três anos e meio no primeiro nível de aprendizado, foram convidados por Jesus para segui-lo junto ao mar da Galileia.

Na trajetória deste aprendizado, às vezes os discípulos caíam, se levantavam e erravam, depois acertavam; noutra ocasião prosseguiam, cansavam, mas sempre recebiam refrigério do Senhor. Houve uma ocasião que retornaram à estaca zero quando Jesus foi crucificado. Eles ficaram sem esperança e sem ânimo, por isso decidiram pescar no mar da Galileia. Naquele mar, eles viveram a desilusão de um pescador frustrado por não apanhar nenhum peixe.

Aprendendo o caminho

Jesus novamente ensina algumas lições aos seus alunos, a fim de cumprirem o propósito de serem pescadores de homens. O ambiente daquela aula foi o mesmo utilizado em Mateus 4:18, quando Jesus fez o primeiro convite no mar da galileia.

1- A primeira coisa que os discípulos deviam entender é que aquele que coloca as mãos no arado não pode retroceder, mesmo diante das adversidades da vida. Eles precisavam crer que aquEle que os chamou é fiel para completar a boa obra. Jesus estava ali para isto, completar o que tinha iniciado há três anos e meio, justamente no mesmo local, o mar da Galileia.

2- Outra lição importante que todos deviam aprender é que quando alguém sai do propósito, não alcança os resultados. Naquela noite nada apanharam e nada tinham para oferecer a Jesus;

*"Disse-lhes, pois, Jesus: Filhos, tendes alguma coisa de comer? Responderam-lhe: **Não"** (João 21:5).*

Sempre que estivermos longe do verdadeiro chamado de Deus, Ele permite que portas sejam fechadas e os resultados desapareçam, para compreendermos que precisamos voltar ao lugar que Ele nos chamou.

Você lembra a atitude do profeta Jonas? Ele fugiu da sua missão de pregar a palavra em Nínive, por isso enfrentou grande tempestade, um vento contrário assoprou na embarcação para ele entender que não estava na direção certa.

Remar contra o vento ou contra a vontade Deus, ocasiona somente cansaço e desespero. Remamos, remamos, remamos e não saímos do lugar. Escolha hoje estar na direção certa!

"Entretanto, os homens remavam, esforçan-do-se por alcançar a terra, mas não podiam, porquanto o mar se ia embravecendo cada vez mais contra eles" (João 1:13).

3- Os discípulos precisavam aprender que o caminho e direção que Cristo oferece sempre têm resultados maiores do que os nossos. Os projetos e pensamentos de Deus são mais altos e maiores.

"E ele lhes disse: Lançai a rede à direita do barco e achareis. Lançaram-na, pois, e já não a podiam tirar, pela multidão dos peixes... Simão Pedro subiu e puxou a rede para terra, cheia de cento e cinquenta e três grandes peixes; e, sendo tantos, não se rompeu a rede" (João 21:6,11).

Devemos confiar na direção de Deus para nossas vidas. Ele sempre está à nossa frente e conhece o caminho que iremos percorrer. Cristo tem um caminho e uma direção específica para cada um. Apenas confie que Ele lhe conduzirá ao porto tão desejado.

«Então, clamam ao Senhor na sua tribulação, e ele os livra das suas angústias. Faz cessar a tormenta, e acalmam-se as ondas. Então, se alegram com a bonança; e ele, assim, os leva ao porto desejado.» (Salmos 107;28-30)

Descansando na verdade

A próxima lição é que Jesus convidou seus discípulos para um repouso ou relaxamento na praia. Observe que eles tiveram uma noite de tristeza e desilusão por não apanhar nenhum peixe, visto que depois da palavra de Jesus, eles puderam puxar uma rede cheia com cento e cinquenta e três grandes peixes. Este maravilhoso convite de descanso, significou para eles um momento de reflexão, também um período de comunhão.

"Logo que saltaram em terra, viram ali brasas, e um peixe posto em cima, e pão" (João 21:9).

Enquanto chegavam à praia com peixes crus, o Mestre, sempre adiante, tinha peixe assado e pão, um verdadeiro banquete preparado para eles renovarem suas forças e seguir a jornada ministerial.

"Disse-lhes Jesus: Vinde e jantai" (João 21:12)

Que convite maravilhoso! Aquele jantar foi um dos últimos momentos de comunhão com o Mestre, antes de subir aos céus. Também um momento de cura e restauração, principalmente para Pedro que negou a Jesus.

É possível que o coração de Pedro estivesse amargurado e manchado, pois desta maneira jamais cumpriria a promessa de ser um pescador de homens, mas Cristo apresentava uma oportunidade de restauração e uma verdade para ele. Seria como se o Senhor dissesse *'Vinde a mim, esteja sentado aos meus pés e encontrarás descanso para a tua alma, assim poderás prosseguir tua caminhada sem este peso nos ombros'*.

Pedro mostrou sensibilidade e aceitou a cura do Mestre, não quis enfrentar a mesma situação de Judas que teve um final trágico. Judas preferiu se fechar em seu mundo e não buscou libertação e perdão, o resultado nós conhecemos.

Avançando para oferecer vida

"E, depois de terem jantado, disse Jesus a Simão Pedro: Simão, filho de Jonas, amas-me mais do que estes? E ele respondeu: Sim, Senhor; tu sa-

bes que te amo. Disse-lhe: Apascenta os meus cordeiros" (João 21:15).

Maravilhoso é participar de um banquete de renovo preparado pelo Senhor e perceber o cuidado que ele tem para cada um. Mas estamos cientes que a vida não é apenas de festas ou banquetes, temos responsabilidades para cumprir.

Através de exemplo, Jesus chamou Pedro à responsabilidade, lembrou o seu propósito de ganhar almas, porém Jesus primeiro renovou suas forças para depois dar-lhe o dever ministerial. *"E, depois de terem jantado"*...

O propósito que Cristo tem em renovar e dar novas forças, significa que deseja dar mais responsabilidades, a fim de alcançarmos suas promessas.

"Disse Jesus a Simão Pedro: Simão, filho de Jonas, amas-me mais do que estes"?

Três vezes Jesus perguntou a Simão Pedro qual era o seu nível de intimidade e confiança para com ele, o mesmo número que Pedro o negou. Na terceira vez, após Pedro analisar bem sua resposta, disse:

"Senhor, tu sabes tudo; tu sabes que eu te amo" (João 21:17).

Uma coisa é você afirmar que ama Jesus, outra coisa é colocar sua vida à disposição do seu reino para servi-lo, enfim, aplicar seu tempo, conhecimentos e investir bens materiais para que outras pessoas conheçam a Cristo através da missão que Ele ordenou você realizar.

Pedro precisava afundar o velho barco para o Mestre levá-lo a navegar em águas mais profundas. A maior demonstração de entendimento por tudo que Jesus fez na vida de Pedro era sua entrega total, sem reservas e sem olhar para trás. Isto seria não apenas com palavras, mas com atitudes e fatos.

"Jesus disse-lhe: Apascenta as minhas ovelhas" (João 21:17).

Depois desta conversa com Jesus, notamos um novo Pedro, transformado e impactado pelo poder do Espírito Santo. Nos primeiros capítulos de Atos dos Apóstolos, percebe-se esta transformação. Na Festa de Pentecostes e nas suas pregações, onde milhares de almas se convertiam a Cristo. Realmente, uma verdadeira pesca abundante!

A seguir notamos um Pedro com um único propósito: Ganhar almas para Cristo. Ser um pescador de homens e fortalecer seus irmãos, como Jesus o havia designado. Através da verdadeira entrega a Cristo, Pedro demonstrava a cada dia sua gratidão ao reino de Deus.

"Mas vós sois a geração eleita, o sacerdócio real, a nação santa, o povo adquirido, para que anuncieis as virtudes daquele que vos chamou das trevas para a sua maravilhosa luz; vós que, em outro tempo, não éreis povo, mas, agora, sois povo de Deus; que não tínheis alcançado misericórdia, mas, agora, alcançastes misericórdia"
(1 Pe 2:9-10).

Conclusão

Os discípulos alcançaram o extraordinário de Deus. Viveram dias intensos; aventuras marcantes. Seus escritos ficaram para a posteridade. Seus nomes registrados em milhares de livros, mesmo depois de vinte séculos. Sobretudo, anotados na Bíblia Sagrada como servos e apóstolos de Cristo. Que privilégios alcançaram!

"Simão Pedro, servo e apóstolo de Jesus Cristo, aos que conosco alcançaram fé igualmente preciosa pela justiça do nosso Deus e Salvador Jesus Cristo" (2 Pedro 1:1).

Estes homens saíram do anonimato para viver o sobrenatural de Deus. Eles cumpriram a missão que Cristo lhes outorgou e saíram vencedores. Muitos deles martirizados por motivo do evangelho, mas suas mortes são mais destaques que a vida de muitos que passaram nesta terra sem deixar uma história brilhante.

São quase dois mil anos desde que Cristo transformou a vida destes homens, de igual modo, ainda hoje o nosso Senhor procura muitos pés para caminhar nesta terra, bocas que ensinem sua preciosa palavra, mãos que toquem os doentes e valentes que libertem os cativos.

Cristo deseja que nos aproximemos mais dEle, pois quanto mais próximo estivermos, mais entenderemos o seu propósito.

Seja um instrumento de Deus em sua família, no seu trabalho, no seu bairro, na sua cidade, no seu estado, no seu país ou nos quatro cantos deste planeta.

A obra missionária não está apenas ao alcance daqueles que viajam para outro estado, país ou continente. Também está disponível àqueles que desejam romper as próprias fronteiras do relacionamento com Cristo e avançar pelo glorioso chamado.

Aprenda o máximo possível com o Mestre, adquira experiências, siga seus passos, tente não errar, mas se errar se acerte, se cair se levante, quando cansar não desista, lembre-se que existe um refrigério em Cristo para cada discípulo que deseja trilhar o caminho oferecido por Ele. Avance sem medo, pois o Senhor conhece a estrada que está lhe enviando.

Confie no Senhor. Entregue-se sem reservas para que as próximas gerações recebam vida abundante que Cristo oferece através de sua vida e ministério!

Que Deus em Cristo te abençoe!

Sobre autor

Samuel Carvalho Ferreira, é pastor, teólogo e palestrante em vários países na Europa.

Casado com Janaina Campos e moram há 20 anos na Itália desenvolvendo o ministério do ensino biblico.

Autor de 3 obras: "Heróis do Coliseu no século XXI", "Três níveis de relacionamento com Cristo" e "Princípios do Reino para uma vida abundante". Todas elas em português, italiano e espanhol.

**ESCANEIE O QR CODE
ABAIXO COM A CAMERA DO TEU TELEFONE
PARA ACESSAR OS DEMAIS TITULOS DO AUTOR.**

www.facebook.com/samuelferreiraitalia
www.instagram/samuelferreiraitalia
www.youtube.com/samuelferreiraitalia

www.ingramcontent.com/pod-product-compliance
Lightning Source LLC
LaVergne TN
LVHW090111180726
843489LV00002B/789